CW01651578

FI YNG NGHYMRU

Tai a Chartrefi yng Nghymru

Richard Carter a Walter Jones

Cynllun Adnoddau Hanes
y Swyddfa Gymreig

GOMER

Argraffiad cyntaf—Tachwedd 1996

ISBN 1 85902 432 7

Addasiad Cymraeg: Meinir Evans

Cydnabyddir cymorth ariannol Ysgrifennydd Gwladol Cymru tuag at gyhoeddi'r deunydd hwn.

Cydnabyddiaeth

Lluniau a diagramau gan David Chamberlain.
Dymuna'r awduron a'r cyhoeddwyr ddiolch i'r sefydliadau canlynol am ganiatâd i atgynhyrchu ffotograffau o'u casgliadau:
Amgueddfa Genedlaethol Cymru—tudalennau 42, 43 a 47;
Hawlfraint y Goron: Comisiwn Brenhinol Henebion Cymru—tudalennau 22 a 31.

Argraffwyd gan Wasg Gomer,
Llandysul, Ceredigion

CYNNWYS

YR ANGEN AM GYSGOD

Pe baech chi'n gofyn i bobl wneud rhestr o'r pethau sy'n hollol angenrheidiol mewn bywyd, byddai'r rhan fwyaf yn rhoi bwyd a chysgod ar ben y rhestr. O'r cyfnod cynharaf un, pan oedd pobl yn byw mewn ogofâu, hyd at ein dyddiau ni, mae pobl bob amser wedi chwilio am gysgod i'w hamddiffyn rhag yr oerfel a'r glaw. Dim ond cysgodfan syml fyddai gan rai pobl, tra byddai eraill yn byw mewn castell neu blasty mawr yn cynnwys llawer o ystafelloedd.

Yn y llyfr hwn byddwn yn edrych ar rai o'r tai hyn, er ei bod yn amhosibl, wrth gwrs, i ni astudio **pob** math o dŷ.

EDRYCH AR EICH TŶ EICH HUN

Cyn edrych ar dai yn y gorffennol, beth am feddwl am y ffordd mae tai yn cael eu hadeiladu heddiw. Ydych chi erioed wedi meddwl am eich tŷ eich hun? Er bod tai newydd heddiw yn cael eu hadeiladu mewn llawer siâp a maint, mae gan y rhan fwyaf ohonyn nhw bethau sy'n gyffredin. Er enghraifft, mae ganddyn nhw bron i gyd waliau wedi eu gwneud o frics neu flociau concrit, ffenestri gwydr a drysau wedi eu gwneud o bren neu alwminiwm. Ond mae rhannau eraill o'n tai nad ydyn nhw i'w gweld mor amlwg. Mae gan y rhan fwyaf o dai ddwy wal o frics neu goncrit, a bwlch cul rhyngddyn nhw i atal y glaw; hefyd mae draeniau o dan y ddaear i gludo dŵr glaw a charthion i ffwrdd. Gan nad ydyn ni'n gallu gweld y pethau hyn yn hawdd, fyddwn ni ddim yn meddwl amdanyn nhw yn aml iawn. Ond maen nhw'n gwneud gwahaniaeth mawr i'r ffordd mae pobl yn byw.

- Allwch chi feddwl am unrhyw beth arall ynglŷn â'r ffordd mae tai yn cael eu hadeiladu heddiw sy'n helpu i'w gwneud yn fwy cyfforddus i bobl fyw ynddyn nhw?

Mae yna bethau eraill rydyn ni'n eu cymryd yn ganiataol ynglŷn â thu mewn ein tai. Er enghraifft, mae pob tŷ heddiw wedi ei rannu'n ystafelloedd. Fel arfer, mae ystafell fyw, cegin ac ystafell ymolchi ar wahân, a dwy neu ragor o ystafelloedd gwely. Mae pob ystafell yn cael ei defnyddio i bwrpas gwahanol.

- Gwnewch gynllun o'r tŷ, y fflat neu'r byngalo lle'r ydych yn byw. Yna ceisiwch feddwl faint o amser rydych chi a'ch teulu yn ei dreulio ym mhob rhan o'r adeilad.

Dyna chi wedi meddwl rhywfaint am gartrefi ein dyddiau ni. Rydyn ni am edrych nawr ar rai o'r mathau gwahanol o dai a adeiladwyd dros y canrifoedd, gan ddechrau â thai'r Celtiaid a godwyd tua dwy fil o flynyddoedd yn ôl a gorffen â thai a adeiladwyd lai na chan mlynedd yn ôl.

Cofiwch, pan oedd tai newydd yn cael eu codi, nid oedd hynny'n golygu bod mathau eraill o dai yn diflannu'n sydyn. Yn wir, mae tai a gafodd eu hadeiladu gannoedd o flynyddoedd yn ôl i'w gweld o hyd, yn aml wrth ochr tai mwy diweddar.

- Beth am wneud rhestr o'r mathau gwahanol o dai sydd yn yr ardal lle'r ydych chi'n byw? Efallai y gallwch ddarganfod pryd y cafodd y tai hyn eu hadeiladu gyntaf.

TAI A CHARTREFI'R CELTIAID

Cefndir hanesyddol

Tua 500 CC y daeth y Celtiaid o Ewrop i'r ardal sy'n cael ei galw'n Lloegr heddiw, ac fe gyrhaeddon nhw Gymru tua chan mlynedd yn ddiweddarach. Roedd y Celtiaid yn bobl ryfelgar iawn. Roedden nhw wedi eu rhannu'n nifer o lwythau bychain a oedd yn ymladd yn erbyn ei gilydd er mwyn ceisio ennill mwy o dir. Oherwydd eu bod yn ofni y byddai pobl o lwythau eraill yn ymosod arnyn nhw, byddai'r Celtiaid yn adeiladu caer ar ben bryn ac yn rhoi ffens bren gryf o'i hamgylch i'w hamddiffyn. Yn y man, cafodd y llwythau gwannaf eu concro gan rai llwythau cryf fel y Silures yn ne-ddwyrain Cymru. Felly, roedd llai a llai o berygl y byddai rhywun yn ymosod ar y caerau. Roedd ffensys o amgylch y pentrefi o hyd er mwyn atal anifeiliaid gwyllt, ond roedd pobl yn teimlo'n ddigon diogel i allu plannu cnydau a rhoi eu gwartheg i bori ar dir y tu allan i'r pentrefi.

Darganfod rhagor am y Celtiaid a'u cartrefi

Cyn edrych yn fwy manwl ar gartrefi'r Celtiaid, mae'n bwysig cofio nad ydyn ni bob amser yn gallu bod yn siŵr sut roedd eu pentrefi a'u tai yn edrych. Mae archeolegwyr yn ceisio darganfod sut roedd pethau yn y gorffennol pell. Dyma rai o'r problemau sy'n eu hwynebu wrth iddyn nhw geisio creu darlun cywir o fywyd y Celtiaid:

- Roedd y Celtiaid yn adeiladu eu tai o bren yn bennaf. Mae hwn wedi pydru ers canrifoedd ac nid oes yr un o'u tai yn sefyll heddiw.

* Nid yw'r Celtiaid wedi gadael unrhyw gofnod ysgrifenedig na lluniau a fyddai'n dangos i ni pa fath o dai oedd ganddynt.
* Ar ôl i'r Celtiaid fod yn byw yng Nghymru am tua phum can mlynedd, glaniodd y Rhufeiniaid, ac yn y pen-draw fe wnaethon nhw goncro llwythau'r Celtiaid. Ymhen amser, penderfynodd llawer o Geltiaid adael eu pentrefi eu hunain a dechrau byw yn debyg i'r Rhufeiniaid. Oherwydd hynny, aeth llawer o bentrefi Celtaidd yn adfeilion.

Oherwydd y problemau hyn, mae archeolegwyr wedi gorfod gwneud tyllau yn y ddaear mewn mannau lle maen nhw'n meddwl y bu'r Celtiaid yn byw, er mwyn ceisio dod o hyd i gliwiau am eu cartrefi. Mae hwn yn gallu bod yn waith anodd a manwl gan fod angen chwilota'n ofalus trwy bridd a rwbel i ddarganfod darnau bach o dystiolaeth. Mae haneswyr yn gallu helpu hefyd, trwy astudio cofnodion ysgrifenedig fel arfer. Er nad yw'r Celtiaid wedi gadael unrhyw gofnodion, daeth y Rhufeiniaid i goncro Prydain yn ddiweddarach ac fe ysgrifennon nhw lawer am y Celtiaid. Er hynny, dydy'r Rhufeiniaid ddim yn sôn am lawer o'r pethau y bydden ni'n hoffi gwybod amdanyn nhw, ac yn aml dim ond eu hochr nhw eu hunain o'r hanes maen nhw'n ei rhoi!

- Allwch chi feddwl am ffyrdd eraill o ddarganfod rhagor am y Celtiaid?

Sut roedd pentref Celtaidd yn edrych, ym marn archeolegwyr

Gan ddefnyddio tystiolaeth, mae'n bosibl creu darlun sy'n dangos sut y byddai pentref a thŷ Celtaidd yn edrych. Mewn rhai mannau, mae pobl wedi ail-greu pentrefi Celtaidd ar sail y dystiolaeth hon. Gallwch weld **ailgread** o bentrefi Celtaidd mewn sawl lle yng Nghymru, yn cynnwys Amgueddfa Werin Cymru yn Sain Ffagan ger Caerdydd, Castell Henllys yng ngorllewin Cymru a Dan yr Ogof yng Nghwm Tawe.

Pentref Celtaidd

Trwy edrych yn ofalus ar batrymau ar y ddaear, archwilio pridd a cherrig a thynnu ffotograffau o'r awyr, mae archeolegwyr yn gallu dweud yn weddol bendant fod ffens o amgylch pob pentref - ffens bren wedi ei hadeiladu ar ben clawdd o gerrig ac wedi ei gorchuddio â phridd.

Yr enw ar ffens fel hyn oedd 'bangorwaith'. Câi'r gair 'bangor' ei ddefnyddio'n aml i ddisgrifio safle pentref Celtaidd.

- Dychmygwch eich bod yn credu eich bod wedi dod ar draws safle pentref Celtaidd. Eglurwch sut y byddech chi'n mynd ati i geisio darganfod mwy am y safle.

- Gan ddefnyddio map o Gymru, gwnewch restr o lefydd yng Nghymru heddiw o'r enw 'Bangor' neu sydd â'r gair 'bangor' yn rhan o'u henwau.

Mae archeolegwyr wedi darganfod hefyd fod y ffens o amgylch y pentref yn cael ei gwneud fel arfer trwy guro darnau o bren i'r ddaear, tua phum can centimetr oddi wrth ei gilydd, a gwau gwiail o bren collen rhyngddyn nhw i greu plethwaith.

Bangorwaith
(ffens bleth)

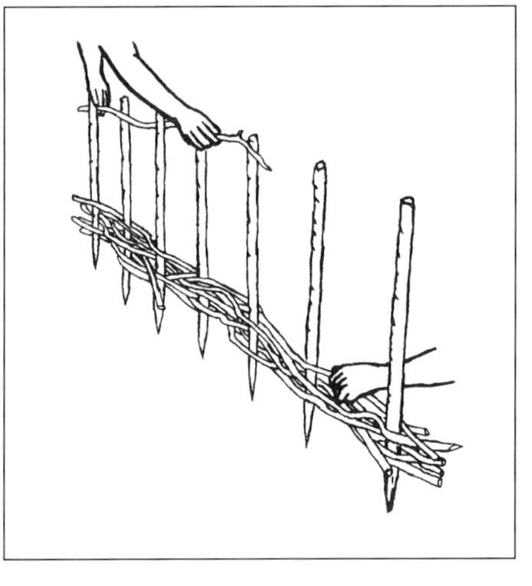

Oddi mewn i'r ffens hon, daeth yr archeolegwyr o hyd i weddillion nifer o dai crwn wedi eu trefnu mewn cylch. Tua phedwar neu bum metr fyddai diamedr y rhan fwyaf o'r tai. Doedden nhw ddim wedi eu rhannu'n 'ystafelloedd' llai.

Câi'r waliau yn y tai hyn eu gwneud yn yr un dull â'r ffens o amgylch y pentref, ond bod dŵb (mwd gwlyb) yn cael ei roi ar y plethwaith er mwyn amddiffyn y tŷ rhag y gwynt a'r glaw. Mewn ambell dŷ câi cerrig eu defnyddio yn lle plethwaith a dŵb. Y tu mewn i'r tŷ, câi polion trwchus eu curo i'r ddaear. Câi'r to ei wneud trwy gydio polion hir, culach wrth y waliau a'r polion trwchus. Yna câi'r to ei orchuddio â gwellt neu frwyn.

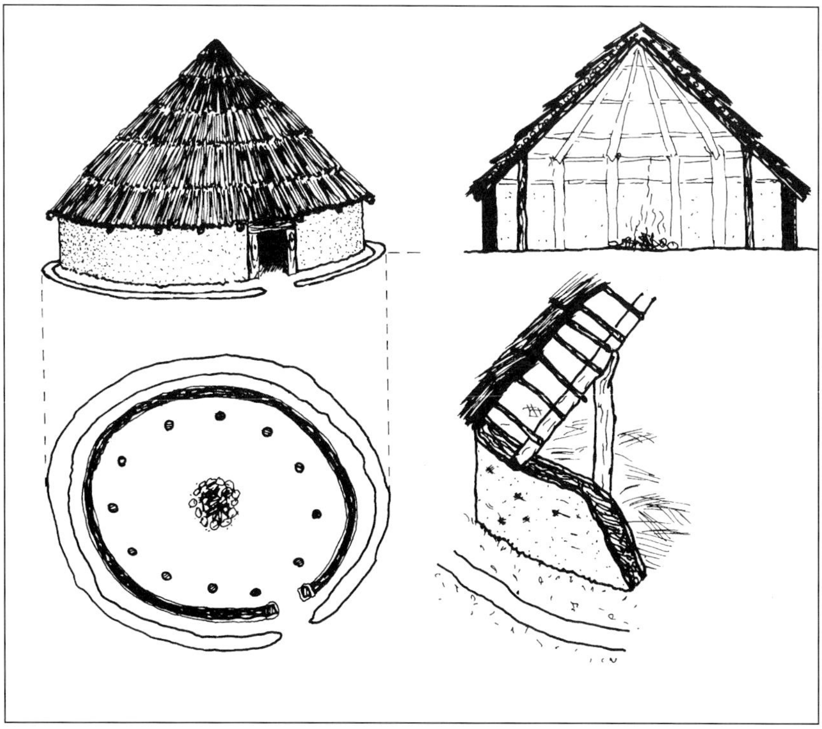

Cynllun tŷ Celtaidd

Cafodd lludw ei ddarganfod yng nghanol y tai crwn, sy'n dangos mai yma roedd y tân yn arfer llosgi. Mae archeolegwyr yn credu nad oedd simnai mewn tŷ Celtaidd, dim ond twll bach yn y to i'r mwg ddianc drwyddo. Doedd dim ffenestri 'chwaith, ond byddai crwyn anifeiliaid yn cael eu gosod dros y fynedfa rhag yr oerfel. Fel arfer, byddai brwyn neu wellt dros y llawr pridd.

Tŷ Celtaidd â muriau carreg

Y CARTREF CELTAIDD

Y tu mewn i dŷ Celtaidd

Yn yr ail lun ar dudalen 13 mae'r arlunydd wedi ceisio ail-greu'r olygfa y tu mewn i dŷ Celtaidd gan ddilyn yr hyn mae archeolegwyr a haneswyr wedi ei ddarganfod. Yn y llun mae dyn yn blasu cawl sy'n berwi ar y tân. Er bod hyn yn awgrymu bod dynion yn helpu i goginio, doedd hynny ddim yn wir fel arfer. Gan amlaf, byddai'r dynion yn brysur yn ffermio, hela a physgota tra byddai'r merched a'r plant iau yn gwneud bron y cyfan o waith y tŷ.

Beth am edrych yn fwy manwl ar rai o'r tasgau a oedd i'w gwneud gartref?

Gwneud brethyn

Roedd y Celtiaid yn hoffi gwisgo brethyn lliwgar. Y merched a'r plant a fyddai'n gwneud y brethyn. Yn gyntaf, roedd angen nyddu gwlân dafad i wneud edau. Roedden nhw'n gwneud hyn trwy glymu pwysau ar un pen i'r gwlân a throi'r gwlân yn ofalus, gan wneud yn siŵr nad oedd yr edau yn mynd yn rhy denau ac yn torri.

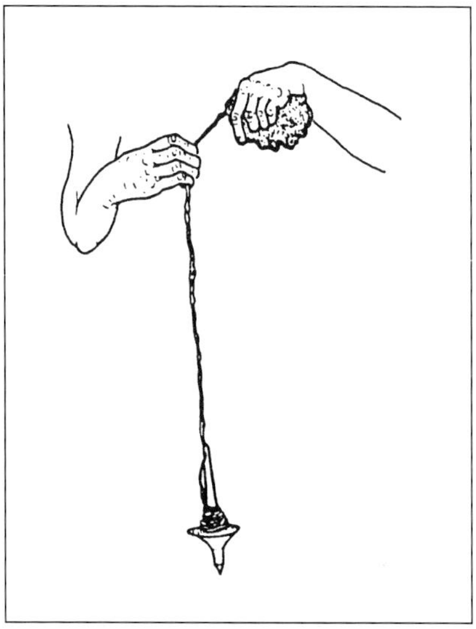

Dwylo'n nyddu

Ar ôl ei nyddu, câi'r gwlân ei liwio gan ddefnyddio sudd wedi ei wasgu o aeron a dyfai ar goed a llwyni o amgylch y pentref. Roedd y gwlân yn cael ei adael yn y lliw am amser hir. Yna câi ei wau ar y gwŷdd, sef ffrâm bren. Câi'r edafedd eu croesi'n yn ôl ac ymlaen trwy'r llinynnau syth o wlân ac yna eu curo at ei gilydd gan ddefnyddio cribau o asgwrn.

Gwneud bara

Yn y llun isod gwelir dynes yn malu india-corn neu geirch ar faen melin neu garreg fawr.

Dynes yn malu ceirch

Efallai yr hoffech chi geisio malu ceirch neu wenith gan ddefnyddio cerrig. Byddai hynny'n rhoi syniad i chi faint o amser roedd yn ei gymryd i falu digon i wneud blawd i'r teulu cyfan. Ar ôl cymysgu'r blawd â llaeth ac ychydig o fenyn, câi ei grasu'n araf ar garreg fawr wastad ar y tân.

Gwneud cawl

Roedd cawl yn cael ei goginio mewn crochan mawr a oedd yn hongian ar gordyn o'r to. Câi'r cawl ei wneud o lysiau fel pys a ffa, a phlanhigion gwyllt. Weithiau câi ceirch a barlys eu rhoi ynddo. Byddai chwyn hefyd yn aml yn mynd i mewn i'r cawl.

Ffermio a gofalu am yr anifeiliaid

Roedd digon o waith i'w wneud y tu allan i'r tŷ bob amser. Byddai'r Celtiaid yn plannu nifer o gnydau, yn cynnwys pys a ffa, er mai ceirch a barlys oedd y prif gnydau. Câi'r tir ei aredig ag aradr pren a gâi ei dynnu gan ychen. Byddai'r Celtiaid yn defnyddio cryman haearn i dorri eu cnydau.

Aradr ac ychen

Roedd y Celtiaid hefyd yn cadw defaid, gwartheg a cheffylau. Y dynion a'r bechgyn hynaf fyddai'n gofalu am yr anifeiliaid. Bob nos, a thrwy gydol y gaeaf, bydden nhw'n dod â'r gwartheg oddi mewn i ffens y pentref ac yn eu bwydo â gwair, dail sych a rhisgl coed.

- Edrychwch ar y brawddegau isod. Mae rhai ohonyn nhw yn dibynnu ar bethau y mae archeolegwyr wedi eu darganfod. Mae eraill yn sôn am bethau na fyddai wedi bod yn bod yn bosibl i archeolegwyr yn unig eu darganfod. Rhowch dic wrth y brawddegau sy'n dibynnu ar dystiolaeth archeolegwyr a chroes wrth y rhai sy'n dibynnu ar fathau eraill o dystiolaeth. Eglurwch eich penderfyniadau.

Dyma'r brawddegau:

1. Câi ffens ei chodi o amgylch y pentref.
2. Roedd y teulu cyfan yn byw yn yr un tŷ.
3. Roedd to tŷ Celtaidd wedi ei orchuddio â gwellt neu frwyn.
4. Roedd lle tân yng nghanol y tŷ.
5. Câi crwyn anifeiliaid eu rhoi dros fynedfa'r tŷ.
6. Roedd dynion Celtaidd yn treulio'r rhan fwyaf o'u hamser yn ffermio, yn hela ac yn pysgota.
7. Roedd y Celtiaid yn hoffi gwisgo brethyn lliwgar.
8. Roedden nhw'n gwneud blawd trwy falu india-corn ar garreg fawr neu faen melin.
9. Câi crochan ei hongian ar gordyn o'r to.
10. Roedd y Celtiaid yn defnyddio cryman haearn i dorri eu cnydau.

TAI YN YR OESOEDD CANOL

Cefndir hanesyddol

Ym 1066, yn dilyn brwydr Hastings, daeth Gwilym, Dug Normandi, yn frenin ar Loegr. Yn ystod y blynyddoedd canlynol, cymerodd Gwilym dir oddi ar berchenogion tir yn Lloegr a'i roi i'r Normaniaid a oedd wedi ymladd drosto. Rhyw ugain mlynedd yn ddiweddarach, dechreuodd Gwilym a'r Normaniaid ymosod ar rannau o Gymru. Wrth iddyn nhw goncro rhannau o'r wlad roedden nhw'n codi adeiladau yno—cestyll pren i ddechrau, ac wedyn cestyll carreg. Mae olion llawer o'r cestyll carreg i'w gweld o hyd mewn sawl man yng Nghymru. Er bod llawer o'r Normaniaid yn byw oddi mewn i waliau'r cestyll, roedd eraill yn adeiladu eu tai eu hunain.

Tai tŵr neu dai llawr cyntaf

Mewn rhai ardaloedd yng Nghymru lle bu'r Cymry a'r Normaniaid yn ymladd ei gilydd yn gyson, adeiladodd y Normaniaid dai tŵr neu neuaddau llawr cyntaf. Câi'r rhain eu codi o garreg fel arfer ac roedd pobl yn byw ar y llawr cyntaf. Roedd angen defnyddio ysgol i ddringo yno, ac yn y nos bydden nhw'n tynnu'r ysgol i fyny. Mae olion rhai o'r tai hyn i'w gweld o hyd mewn rhai llefydd yng Nghymru. Mae'r rhan fwyaf o'r enghreifftiau gorau yn ne Penfro.

Tŷ tŵr

Tai a chartrefi pobl Cymru: yr Hafod a'r Hendref

Roedd llawer o bobl Cymru yn yr oesoedd canol yn dal i fyw mewn tai tebyg iawn i'r tai yr oedd pobl yn byw ynddyn nhw cyn i'r Normaniaid gyrraedd. Yr enw ar y tai hyn oedd tai neuadd oherwydd mai dim ond un ystafell fawr neu neuadd oedd ynddyn nhw, a dim ond un llawr. Roedd agoriad yn y to ar un pen i'r neuadd a châi'r ystafell ei chynhesu gan dân agored heb simnai. Roedd waliau'r tŷ neuadd, fel tai'r Celtiaid, wedi eu gwneud o blethwaith a dŵb ac roedd to gwellt ar y tŷ. Doedd dim gwydr yn y ffenestri ac roedd caeadau drostynt i atal y gwynt a'r glaw.

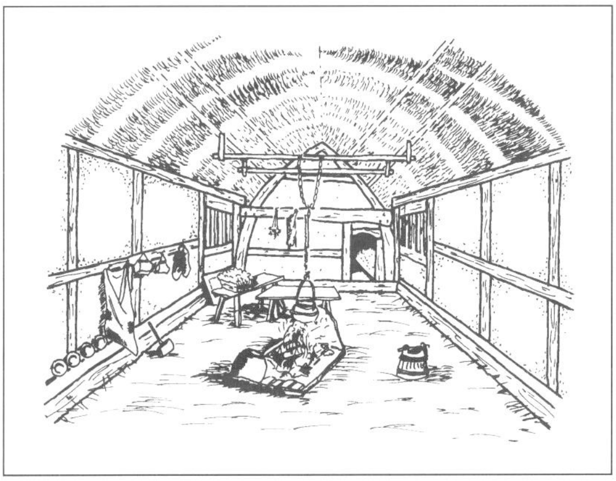

Y tu mewn i dŷ neuadd

Mae disgrifiad o dŷ neuadd mewn hen stori Gymreig o'r enw 'Breuddwyd Rhonabwy' sy'n un o storïau'r Mabinogi. Yn y stori mae dau deithiwr yn cyrraedd tŷ yn perthyn i ddyn o'r enw Heilyn Goch.

> 'A phan ddaethant tua'r tŷ gwelsant hen neuadd dywyll, ddu, a digonedd o fwg yn dod ohoni. A phan ddaethant i mewn gwelsant lawr anwastad, yn llawn tyllau. Yn y mannau lle roedd y llawr yn codi roedd hi'n anodd iawn i ddyn sefyll arno gan fod dŵr a thail gwartheg yn gwneud y llawr mor llithrig. A phan ddaethant i gyntedd y tŷ gallent weld llwyfan llychlyd, a hen wraig yn gofalu am dân. A phan deimlai'r wraig yn oer byddai'n taflu llond arffed o us ar y tân. A dyma'r hen wraig yn cynnau tân brigau iddynt ac yn mynd i bobi a dod â bwyd iddynt, bara haidd a chaws a llefrith dyfrllyd.'

Byddai tŷ neuadd fel hwn, neu 'hendref' fel y câi ei alw, yn cael ei adeiladu mewn dyffryn neu ar dir isel lle roedd mwy o gysgod i'r bobl a'u hanifeiliaid.

Ond ni fyddai pobl yn byw yno drwy'r flwyddyn. Rhwng mis Mai a mis Medi bydden nhw'n symud i'r tiroedd uchel i fyw mewn tai llai, ac yn mynd â'u defaid a'u gwartheg gyda nhw. 'Hafod' oedd yr enw ar dŷ fel hwn. Adeiladau digon syml oedden nhw, wedi eu gwneud o gerrig ac weithiau o goed, a gorchudd o bridd neu frwyn ar y to.

Fe barhaodd yr arferiad hwn yn hir yng Nghymru, ac am ganrifoedd ar ôl yr oesoedd canol roedd pobl yn dal i symud o'r hendref i'r hafod dros yr haf. Dyma sut mae awdur o'r enw Thomas Pennant yn disgrifio teulu a oedd yn byw yn Llanberis, Sir Gaernarfon ym 1791:

‘Ystafell isel hir yw’r hafod, â thwll yn un pen i’r to ar gyfer y mwg sy’n dod o’r tân oddi tano. Mae’r dodrefn yn syml iawn; cerrig yn lle stolion, a gwlâu o wellt ar hyd yr ochrau. Pan fydd y gaeaf yn dynesu bydd y teulu yn symud yn ôl i’w Hendref, eu hen gartref, lle mae eu bywydau yn ddigon gwag yn ystod y tymor hwnnw.’

- Pam ydych chi’n meddwl y byddai pobl yn symud o’r hendref i’r hafod yn ystod misoedd yr haf?
- Beth ydych chi’n meddwl fyddai a) manteision b) anfanteision y ffordd hon o fyw?
- Mae tai yng Nghymru heddiw o’r enw ‘hendref’ a ‘hafod’. Mae’n dibynnu lle’r ydych yn byw, ond efallai y gallwch chwilio am dai â’r enwau hyn ar fap o’ch ardal.

TAI A CHARTREFI TUDURAIDD

Cefndir hanesyddol

Ar ddiwedd y bymthegfed ganrif, wedi i Harri Tudur drechu Rhisiart III ym mrwydr Maes Bosworth ym 1485, dechreuodd bywyd newid yn araf i rai Cymry. Roedd y brenin newydd Harri VII yn Gymro ac aeth pobl o Gymru, a oedd wedi ei helpu i ddod yn frenin, i Lundain i wasanaethu Harri. Gwnaeth rhai ohonyn nhw eu ffortiwn yn Llundain. Er i rai o’r Cymry hyn benderfynu aros yn Llundain, daeth rhai yn ôl i Gymru yn y man. Cawson nhw swyddi pwysig, fel siryf ac ynad heddwch, gan helpu’r brenin yn yr ardal lle’r oedden nhw’n byw. Ym 1536 bu cam pwysig arall pan gafodd deddf ei phasio gan senedd Lloegr a oedd yn uno Cymru a Lloegr. Yn ystod y blynyddoedd canlynol, aeth mwy a mwy o Gymry i Loegr a dechrau dynwared ffordd y Saeson o fyw. Daeth rhai o'r bobl hyn yn ôl i Gymru ac adeiladu tai tebyg i'r rhai roedden nhw wedi eu gweld yn Lloegr. Ymhen amser, dechreuodd pobl nad oedd erioed wedi bod yn Lloegr adeiladu tai fel hyn hefyd!

Cafodd dau fath newydd o dŷ eu hadeiladu yng Nghymru yng nghyfnod y Tuduriaid: tai â ffrâm bren a thai carreg. Hefyd, adeiladwyd rhai tai hanner pren, hanner carreg. Yn aml, câi'r tai hyn eu galw'n **Tŷ Mawr** neu **Plas**.

Tai pren

Maes Mawr, Caersws: tŷ â ffrâm bren o gyfnod y Tuduriaid

Roedd tai pren fel arfer yn cael eu hadeiladu mewn darnau ar wahân, yn barod i'w rhoi at ei gilydd. Mae'n debyg bod y darnau yn cael eu gwneud mewn iard saer ac yna'n cael eu cludo i'r safle lle byddai'r tŷ yn cael ei godi. Byddai'r tŷ yn cael ei osod wrth ei gilydd fesul darn, a byddai pob darn wedi ei farcio fel bod yr adeiladwyr yn gwybod ble roedd yn ffitio.

Y peth cyntaf roedd yn rhaid ei wneud oedd torri coed derw a'u siapio i wneud planciau er mwyn gwneud ffrâm i'r tŷ. Câi pegiau pren eu defnyddio i roi'r darnau croes yn sownd yn y darnau unionsyth o goed.

Ffrâm a phlethwaith

Yna câi'r ffrâm gyfan ei chodi i'w lle a'r bylchau eu llenwi â phlethwaith. I orffen y waliau, câi'r paneli o blethwaith eu gorchuddio â haen drwchus o ddŵb. Fel arfer, byddai'r to yn cael ei wneud o frwyn neu wellt, ond câi teils eu defnyddio weithiau.

Tai carreg

Mewn ardaloedd eraill, yn enwedig yng ngogledd a gorllewin Cymru, cafodd llawer o dai eu gwneud o gerrig.

Weithiau câi'r rhain eu galw'n **Tŷ Maen** neu **Tŷ Newydd**. Byddai'r rhan fwyaf o'r cerrig ar gyfer adeiladu'r tai yn cael eu cloddio o chwareli lleol, ond weithiau byddai pobl yn defnyddio cerrig o hen adeiladau. Cafodd rhai o hen gestyll yr oesoedd canol eu chwalu i gael cerrig i adeiladu'r tai hyn, a chafodd rhai mynachlogydd eu chwalu hefyd. Roedd Harri VIII wedi cau'r rhan fwyaf o'r mynachlogydd.

Câi'r cerrig gorau, calchfaen fel arfer, eu gosod o amgylch y ffenestri a'r drysau. I gydio'r cerrig wrth ei gilydd byddai'r adeiladwyr yn defnyddio morter wedi ei wneud o galch.

TAI TUDURAIDD: GWNEUD BYWYD YN FWY CYFFORDDUS

Yn ystod cyfnod y Tuduriaid, bu sawl datblygiad newydd pwysig yn y ffordd roedd tai yn cael eu hadeiladu. Roedd hyn yn help i wneud y tai yn llawer mwy cyfforddus.

Gwydr

Am y tro cyntaf, rhoddwyd ffenestri gwydr mewn llawer o dai. Ar ddechrau cyfnod y Tuduriaid, doedd gwydr ddim yn cael ei ddefnyddio yn aml o gwbl. Ond erbyn diwedd y ganrif, wrth i wydr ddod yn rhatach, roedd yn cael ei ddefnyddio mewn llawer o'r tai newydd mwyaf, er bod y ffenestri eu hunain yn dal yn eithaf bach fel arfer. Roedd ffenestri gwydr yn cadw'r oerfel, y glaw a'r gwynt o'r tŷ, gan ei wneud yn llawer mwy cyfforddus.

Lle tân a chegin

Datblygiad pwysig arall oedd y lle tân caeëdig. Cyn hynny, byddai pobl bron bob amser yn gwneud tân yng nghanol yr ystafell. Nawr, yng nghyfnod y Tuduriaid, dechreuwyd adeiladu llefydd tân a simneiau mawr. Mewn rhai o'r tai roedd y rhain mor fawr nes ei bod yn bosibl rhoi mainc yn y lle tân i bobl eistedd arni. Yr enw ar le tân o'r math hwn oedd 'cil pentan'. Mewn tai pren, byddai'r lle tân yn aml yn cael ei wneud o bren hefyd, ond câi cerrig eu gosod o amgylch y tân ei hun.

Lle tân Tuduraidd

Byddai tân yn llosgi yn y lle tân drwy'r dydd a'r nos. Roedd yn cadw'r tŷ yn gynnes ac yn sych, ac yn bwysig iawn ar gyfer coginio. Mae'n debyg y byddai arogl coginio a phobi yn llenwi'r tŷ. Mewn rhai o'r tai mwyaf byddai bechgyn yn troi'r cig a oedd yn rhostio ar gigwain uwchben y tân. Roedd hwn yn waith poeth ac anghyfforddus iawn.

Coed fyddai'n cael eu llosgi yn y tân fel arfer. Roedd llawer o bobl gyfoethog yn defnyddio coed yn lle glo oherwydd bod yn well ganddyn nhw arogl y coed. Yn ôl y sôn, roedd glo yn eu hatgoffa o uffern a'r Diafol!

Mewn rhai tai roedd cegin ar wahân. Yma y byddai prydau bwyd y teulu yn cael eu paratoi, ac yma y byddai'r gweision a'r morynion yn bwyta. Weithiau, câi padell fawr ei defnyddio i goginio cig neu bobi bara. Ar ôl rhoi'r caead ar y badell, câi ei rhoi yng nghanol y marwor yn y tân.

- Cymharwch y gegin yn eich tŷ chi â'r gegin sy'n cael ei disgrifo uchod. Gwnewch restr o'r gwahaniaethau rydych wedi sylwi arnyn nhw yn y ffordd roedd bwyd yn cael ei gadw ac yn cael ei goginio.

Bwyd

Roedd y math o fwyd roedd pobl yn ei fwyta yn dibynnu ar ba mor gyfoethog neu dlawd oedden nhw. Yn ôl pobl o wledydd tramor a ddaeth i ymweld â'r wlad, roedd y bobl gyfoethog yn bwyta pob math o fwyd, yn enwedig cig.

Roedd teuluoedd cyfoethog yn aml yn bwyta prydau mawr. Er bod dewis mawr o fwyd wedi ei baratoi, doedden nhw ddim yn bwyta popeth. Dyma a ddywedodd ysgrifennwr yn yr unfed ganrif ar bymtheg:

> 'Ar ôl iddynt gymryd yr hyn a fynnant, caiff y gweddill ei gadw, ac yna ei anfon i lawr i'w gweision, sy'n cymryd rhan gymedrol ohono, a chaiff yr hyn nad oes arnynt hwy ei eisiau ei roi i'r tlawd sy'n aros mewn niferoedd mawr wrth y gatiau yn barod i'w dderbyn.'

Byddai'r tirfeddianwyr (perchenogion tir) cyfoethog yn gwahodd rhyw bymtheg i ugain o bobl i gael bwyd gyda nhw. Byddai'r bwyd yn cael ei weini mewn trefn arbennig. Câi ei osod i ddechrau ar y bwrdd 'uchaf' ac yna ei basio o fwrdd i fwrdd. Y bobl bwysicaf fyddai'n cael eu bwyd gyntaf, yna'r rhai llai pwysig, yn eu tro.

'Roedd y prif gwrs a gâi ei weini wrth fwrdd y Meistr yn cynnwys cigoedd wedi eu berwi, cig eidion wedi ei ferwi, cig llo wedi ei rostio, cig cwningen a phastai colomen. Yr ail gwrs: cig oen wedi ei rostio, cig cwningen, cyw iâr, myn gafr a cheiliog y mynydd, cyw iâr wedi ei bobi, pastai ceiliog y mynydd, pastai cig oen, mochyn wedi ei halltu, tartenni. Digon o ddewis o gig, ond dim sôn am lysiau.'

Byddai'r bobl gyfoethog iawn yn bwyta oddi ar blatiau arian ac yn yfed o gobledi grisial drudfawr. Byddai pobl llai cyfoethog yn defnyddio platiau a chwpanau piwter. Hyd yn oed mewn prydau cyffredin yn ystod yr wythnos, byddai'r bobl gyfoethog yn bwyta pob math o gigoedd, ynghyd â bara, ac yn yfed cwrw. Bydden nhw'n dioddef o afiechyd am nad oedden nhw'n bwyta digon o lysiau ffres nac yn yfed digon o laeth. Byddai eu dannedd yn troi'n ddu a hwythau'n ifanc iawn.

Roedd yn bwysig iawn ymddwyn yn gwrtais wrth y bwrdd bwyd, fel y mae hi heddiw. Dyma gerdd Saesneg yn atgoffa pobl sut i ymddwyn wrth fwyta:

> 'Scratch not thy head with thy
> fingers when thou arte at thy meate;
> Pick not thy teeth with thy knife nor
> with thy fingers ende;
> Fyll not thy mouth too full, lest thou
> perhaps must speak;
> Nor blow not out thy crums when
> thou dost eate.
> Foule not the place with spitting
> where thou doest sit.'

Roedd y bobl gyfoethog yn bwyta bara wedi ei wneud o wenith. Ond roedd yn rhaid i'r bobl dlawd fwyta beth bynnag oedd ar gael. Eu prif fwyd oedd bara rhyg neu fara barlys. Pan oedd hi'n galed iawn arnyn nhw, roedden nhw'n gwneud bara o ffa, pys neu fes. Bydden nhw'n berwi'r rhain ddwy neu dair gwaith, yn eu sychu, ac yna'n eu malu'n flawd i wneud bara.

Dodrefn ac eiddo arall

Rydyn ni'n gwybod llawer am ddodrefn a phethau eraill a oedd yn eiddo i dirfeddianwyr a ffermwyr yn yr unfed ganrif ar bymtheg a'r ail ganrif ar bymtheg oherwydd eu bod yn arfer gwneud rhestrau o'u holl eiddo. Po fwyaf o gyfoeth a oedd gan rywun, mwyaf o eitemau a oedd ar ei restr. Dyma restr o bethau'n perthyn i ddyn o'r enw Alexander Bodvell a oedd yn byw yn Sir Gaernarfon yng ngogledd Cymru yn yr ail ganrif ar bymtheg:

YN Y SELER	4 HOCSED O GWRW
YN Y GEGIN	1 CROCHAN PRES 4 PADELL FACH DYSGLAU PREN 1 FEGIN
YN YR YSTAFELL FWYTA	2 GADAIR 10 STÔL
YN Y LLOFFT UCHAF	12 HOBAID O FRAG 4 HOBAID O GEIRCH

YN LLOFFT Y GEGIN	2 WELY PLU 3 GOBENNYDD HIR 3 GOBENNYDD 3 BLANCED 3 CWRLID GWELY
YN Y LLOFFT FACH	2 WELY PLU DILLAD GWELY DYSGLAU PIWTER
YN Y CYNTEDD	2 GADAIR 2 STÔL 1 CWPWRDD
YN Y PARLWR	1 GWELY PLU 2 GADAIR 2 STÔL
YN SIAMBR MR LLOYD	1 GIST 2 STÔL 2 GLUSTOG 1 CARPED

Mae'n siŵr fod rhai o'r geiriau yn y rhestr hon yn ddieithr i chi. Dyma ystyr rhai geiriau anarferol.

* Roedd **hocsed** yn dal 36 galwyn neu 162 litr.
* Roedd **piwter** yn cael ei wneud o gymysgedd o blwm a thun. Câi ei ddefnyddio i wneud dysglau, potiau a mygiau. Byddai pobl dlawd yn defnyddio dysglau pren. (Mae plwm yn cael ei ystyried yn beryglus heddiw ac nid yw'n cael ei ddefnyddio i wneud llestri.)

* Byddai'r **gobennydd hir** neu'r 'bolster' yn cael ei osod ar draws pen y gwely, a gobenyddion llai ar ei ben. Yn y cyfnod hwnnw, doedd pobl ddim yn cysgu ar eu hyd yn y gwely. Roedd y gobenyddion yn eu helpu i gysgu ar eu heistedd.

* Ffordd o fesur grawn oedd **hobaid**.

- Pe baech chi'n gwneud rhestr o'r pethau sydd yn eich tfl chi, ym mha ffyrdd y byddai eich rhestr (a) yn debyg (b) yn wahanol i un Alexander Bodvell?

TAI A CHARTREFI YNG NGHEFN GWLAD CYMRU: Y DDEUNAWFED GANRIF A'R BEDWAREDD GANRIF AR BYMTHEG

TAI'R BOBL GYFOETHOG

Cefndir hanesyddol

Yn y ddeunawfed ganrif a'r bedwaredd ganrif ar bymtheg, daeth rhai tirfeddianwyr yn gyfoethog iawn. Roedd y rhain yn berchen ar lawer o dir mynydd, a dechreuwyd cloddio am fwynau fel copor, plwm, llechi, haearn a glo ar eu tir. Penderfynodd rhai o'r tirfeddianwyr gyflogi pobl i weithio yn eu mwyngloddiau neu eu chwareli eu hunain. Penderfynodd tirfeddianwyr eraill werthu'r hawl i gloddio ar eu tir i bobl eraill am symiau enfawr o arian.

Wrth i'r tirfeddianwyr dyfu'n fwy ac yn fwy cyfoethog, dechreuon nhw adeiladu tai a oedd yn fwy o faint ac yn fwy gwych nag unrhyw dai a welwyd yng Nghymru cyn hynny. Cafodd y tai neu'r plastai hyn eu hadeiladu yn eithaf pell oddi wrth unrhyw adeiladau fferm. Roedd parciau mawr o'u hamgylch a ffyrdd graean yn arwain atynt.

Plas Glynllifon, ger Caernarfon, Gwynedd

Roedd y tai newydd hyn, fel Glynllifon a welir uchod, yn enfawr, a thri deg neu ragor o ystafelloedd ynddyn nhw. Câi blaen y tŷ ei gynllunio'n ofalus. Weithiau, byddai pileri ac addurniadau yn cael eu rhoi o amgylch y drws, gan ddilyn hen batrymau'r Groegiaid a'r Rhufeiniaid.

Ar bob ochr i'r drws byddai ffenestri hirsgwar yn aml, i gyd yr un maint. Roedd modd agor a chau'r ffenestri hyn â chymorth llinynnau a phwysau.

Pileri a oedd i'w gweld mewn tai mawr

Ffenestr godi

- Chwiliwch am enghreifftiau o bileri a ffenestri codi mewn tai neu adeiladau yn eich ardal chi.

Yn union y tu ôl i'r drws ffrynt byddai grisiau mawr. O'r cyntedd yng nghanol y tŷ roedd yn bosibl mynd i bob ystafell. Roedd pob ystafell yn breifat ac roedd pwrpas arbennig i bob un—parlwr, ystafell fwyta, ystafell filiards, llyfrgell, ac weithiau hyd yn oed ystafell ddawnsio.

Bywyd yn nhai'r bobl gyfoethog

Roedd perchenogion y tai hyn yn mwynhau difyrru eu ffrindiau. Bydden nhw'n cael blas arbennig ar gynnal partïon marchogaeth a phartïon saethu ar eu stadau mawr. Roedden nhw'n cyflogi stiwardiaid i redeg y stad ac i gasglu'r rhent oddi wrth y gweithwyr a oedd yn byw ar y stad.

Byddai nifer mawr o forynion a gweision yn gweithio yn y tai, yn glanhau, yn coginio, yn golchi dillad ac yn gofalu am y tanau. Roedd disgwyl i'r rhain wneud popeth yn dawel ac yn ofalus. Mewn llawer o dai, byddai'r morynion a'r gweision yn gorfod defnyddio'r grisiau yng nghefn y tŷ fel na fydden nhw'n cymysgu â'r teulu. Yn aml roedden nhw'n cysgu mewn ystafelloedd bach yn yr atig. Yng nghefn y tŷ roedd y ceginau, y popty, y golchdy, y stordai ac weithiau'r stablau.

Dyma ddisgrifiad o fywyd yng Nghastell Sain Ffagan a ysgrifennwyd gan un o'r morynion, Mary Ann Dodd, ym 1870:

> 'Roedden ni'n gweithio o 6 y bore hyd nes i ni orffen. Roeddwn i'n helpu i wneud y gwelyau ac yna, bob dydd, roedd yn rhaid i mi falu'r coffi a gwneud y bisgedi crimp. Roedd y coffi'n dod o'r Alban, fesul cant (50 kilo).

Roedd gen i 37 darn o gopor i'w glanhau bob dydd. Roedd tua phedwar deg saith o forynion a gweision yno i gyd ac roedden ni'n griw hapus iawn. Roeddwn i'n ennill tua dau swllt (10 ceiniog) y dydd.'

- Pam roedd angen cymaint o forynion i weithio yn y tai mawr hyn, yn eich tyb chi? Disgrifiwch fywyd a) tirfeddiannwr a b) morwyn mewn tŷ mawr yn ystod y cyfnod hwn.

Erbyn diwedd y bedwaredd ganrif ar bymtheg, roedd dros filiwn a hanner o ferched yn gweithio fel morynion yng Nghymru a Lloegr. Ond, ar ôl y Rhyfel Byd Cyntaf (1914-18), cododd cyflogau morynion a phrisiau bwyd a nwyddau. Felly, doedd y meistri ddim yn gallu fforddio cadw cynifer o forynion. Hefyd, daeth yn fwy anodd iddyn nhw allu cynnal a chadw eu tai. Y rheswm oedd fod trethi uchel iawn i'w talu pan fyddai perchennog tŷ yn marw. Oherwydd hyn, cafodd llawer o'r tai eu gwerthu a'u troi'n ysbytai, gwestai neu ysgolion. Cafodd rhai eu gadael yn wag, nes iddyn nhw droi'n adfeilion.

TAI'R TLODION: Tŷ unnos

Cefndir hanesyddol

Er bod nifer o dai mawr iawn wedi eu hadeiladu yng Nghymru, roedd bywyd yn galed iawn i lawer o bobl dlawd a oedd yn byw mewn tai gwael iawn. Doedd y 'tai' hyn, os gallech eu galw'n dai, ddim yn wahanol iawn i'r rhai y bu pobl yn byw ynddyn nhw ganrifoedd cyn hynny.

Ar ddiwedd y ddeunawfed ganrif bu cynnydd mawr yn nifer y bobl a oedd yn byw yng nghefn gwlad Cymru. Achosodd hyn lawer o broblemau gan nad oedd digon o waith i bawb. Bu'n rhaid i rai pobl, nifer ohonyn nhw'n ddi-waith, adeiladu cysgodfan syml ar dir gwastraff, diffaith. Am nad oedd ffens o amgylch y tir, roedd pobl yn credu bod ganddyn nhw hawl i fyw yno heb ganiatâd. Ond tirfeddianwyr oedd yn berchen ar y tir comin hwn fel arfer. Ar y dechrau, gan fod y tir mor wael, wnaeth y tirfeddianwyr ddim gorfodi'r bobl i'w adael. Roedd y bobl hyn yn credu pe gallen nhw ddechrau adeiladu tŷ gyda'r nos wrth i'r haul fachlud, a llwyddo i gael mwg yn dod o'r corn erbyn toriad gwawr fore trannoeth, yna byddai ganddyn nhw hawl i fyw yn y tŷ. Roedd y tŷ wedi ei adeiladu mewn un nos, a dyna yw ystyr yr enw 'tŷ unnos'.

Adeiladu tŷ unnos

Efallai eich bod yn methu deall sut roedd yn bosibl adeiladu tŷ mewn cyn lleied o amser. Yn ffodus, gofynnodd rhai o'r awduron a oedd yn ysgrifennu am Gymru ar y pryd i'r bobl egluro sut roedden nhw'n mynd ati. Dyma a ysgrifennodd un awdur:

> 'Byddai'r person a oedd eisiau codi'r tŷ, a'i ffrindiau, yn cyrraedd y man lle roeddent am adeiladu'r tŷ wrth iddi nosi ac yn dechrau torri darnau sgwâr o dywyrch. Ar ôl torri tomen o dywyrch, byddai rhai o'r dynion yn dechrau adeiladu'r waliau â'r tywyrch. Pan fyddent yn ddigon uchel câi'r to, a oedd wedi ei baratoi yn barod,

ei osod yn gyflym a'i orchuddio â gwellt a brwyn fel y byddai'n barod a mwg yn dod drwy'r simnai cyn i'r haul godi. Ar ôl gwneud hyn, gallai'r adeiladwr ddweud "Fy nhŷ yw fy nghastell". Yna byddai'n sefyll yn nrws ei dŷ ac yn taflu bwyell i wahanol gyfeiriadau er mwyn penderfynu faint o dir a gâi o amgylch y tŷ. Câi perth ei phlannu ar hyd y llinell honno.'

Roedd tai fel hyn yn dal i gael eu hadeiladu hyd at gan mlynedd a hanner yn ôl. Ym 1847, disgrifiodd un o arolygwyr y llywodraeth un o'r tai hyn yn Rhaeadr, Sir Faesyfed, fel 'tŷ heb ffenestr na bwlch agored heblaw'r drws; dŵr yn dod i mewn iddo, a dim ond un ystafell'. Erbyn hyn, nid oes unrhyw olion o'r tai hyn. Yn wir, dydyn ni ddim yn hollol siŵr ble cawson nhw eu hadeiladu. Yn aml, dim ond am flwyddyn y byddai pobl yn byw yn y tai, cyn eu gadael i ddadfeilio. Fel y gallwch ddychmygu, profiad annifyr iawn oedd byw mewn tŷ o'r fath, a'r dŵr yn dod i mewn drwy'r amser bron. Does rhyfedd nad oedd pobl yn aros ynddyn nhw yn hir iawn!

- Ym mha ffyrdd roedd y tai unnos a) yn debyg a b) yn wahanol i dai'r Celtiaid?
- Pam ydych chi'n meddwl nad yw pobl wedi gallu dod o hyd i olion tai unnos, er mai dim ond can mlynedd a hanner sydd ers adeiladu rhai ohonyn nhw?

BWTHYN Y GWEITHIWR FFERM

Pan fyddai pobl yn llwyddo i gael gwaith, bydden nhw'n aml yn rhentu bwthyn gan y tirfeddiannwr neu'r ffermwr, am flwyddyn ar y tro fel arfer. Dyma ddisgrifiad o fwthyn yn Sir Benfro ym 1814:

'Wal o fwd tua phum troedfedd (1½ metr) o uchder, to isel o wellt a simnai o blethwaith a dŵb. Roedd rhaff wedi ei rhwymo am y simnai, a oedd yn pwyso i un ochr. Roedd y to wedi ei blethu â chyrs neu wellt.'

Roedd rhai bythynnod fel hyn i'w cael mewn rhai rhannau o Gymru gan mlynedd yn ôl, ond erbyn hynny câi'r rhan fwyaf o fythynnod newydd eu gwneud o gerrig.

Llun bwthyn o Adroddiad Tir 1894

Er bod bythynnod fel hyn yn llawer gwell na'r tai unnos a'r tai a oedd wedi eu gwneud o blethwaith a dŵb, roedden nhw'n aml yn dai gwael. Roedd y waliau wedi eu gwneud o gerrig, tua metr o drwch, a chymysgedd o fwd a rwbel i lenwi'r bylchau. Dyma oedd gan un o arolygwyr y llywodraeth i'w ddweud ar ôl ymweld â bwthyn yn Nhalyllyn, Sir Gaernarfon, ym 1847:

> 'Mae'r tŷ yn druenus. Mae'r bythynnod wedi eu gwneud o ychydig o gerrig rhydd, wedi eu pentyrru ar ben ei gilydd heb forter na gwyngalch. Llawr pridd sydd ganddynt; mae'r to wedi ei blethu ac nid oes ffenestri mewn llawer o'r hofelau hyn.'

- Ym mha ffyrdd y byddai bythynnod fel hyn yn cael eu hystyried yn well na'r tai unnos? Ym mha ffyrdd y gallai pobl fod wedi gwella'r bythynnod? Allwch chi feddwl am resymau pam nad oedden nhw'n cael eu gwella fel arfer?

Y tu mewn i fwthyn gweithiwr

Roedd y tu mewn i lawer o fythynnod mewn cyflwr gwael iawn. Un ystafell yn unig oedd yn y rhan fwyaf ohonyn nhw. Weithiau câi'r ystafell hon ei rhannu'n ddwy trwy osod gwely neu ddarn arall o ddodrefn ar draws y canol. Oherwydd nad oedd dŵr tap, roedd yn rhaid i bobl gario dŵr o nant neu afon gerllaw. Doedd dim draeniau fel arfer. Dyma ddisgrifiad o fythynnod gan un o arolygwyr y llywodraeth ym 1893:

> 'Adeiladwyd y bythynnod hyn gan ddynion di-grefft heb gynllun pendant. Twll yn y to yw'r simnai, yn

culhau tua'r pen, ond yn amlach na pheidio bydd y mwg yn dianc drwy'r drws neu drwy fylchau yn y waliau. Tân mawn sydd mewn llawer o'r bythynnod. Nid oes toiledau yn perthyn i nifer mawr ohonynt, a hyd yn oed os oes rhai, anaml iawn y maent yn cael eu defnyddio. Nid yw'r bobl fel pe baent yn hoffi eu defnyddio.'

Roedd bywyd mewn tŷ fel hwn yn galed iawn ac roedd llawer o bobl, yn enwedig y plant, yn dioddef yn aml o salwch a chlefydau. Byddai'r rhan fwyaf o deuluoedd yn cadw mochyn, a oedd yn aml yn byw yn y bwthyn gyda nhw. Dyma a ddywedodd teithiwr o'r enw William Bingley ar ôl bod mewn bwthyn o'r fath ym 1803:

> 'O amgylch un bwrdd roedd y teulu'n eistedd yn bwyta bara a llaeth, y bwyd arferol yn yr ardal hon. Mewn un gornel roedd hwch fawr dew yn bwyta ei bwyd o fwced, a minnau'n bwyta bara menyn yn y gornel arall.'

Yn ystod ail hanner y bedwaredd ganrif ar bymtheg, dechreuodd llawer o weithwyr symud o gefn gwlad i'r trefi i chwilio am waith. Oherwydd hynny, daeth yn fwy anodd i'r ffermwyr ddod o hyd i weithwyr. Felly, roedd yn rhaid iddyn nhw wella bythynnod y gweithwyr. Cafodd rhai o'r bythynnod hynaf eu chwalu a'u codi eto gan ddefnyddio'r un cerrig. Er hynny, mewn sawl man yng Nghymru, mae pentyrrau o gerrig i'w gweld o hyd lle'r oedd bwthyn yn arfer bod.

CARTREF Y FFERMWR

Yng Nghymru heddiw, mae sawl gwahanol fath o fferm a ffermdy. Mae rhai ffermydd yn fawr ac yn cyflogi llawer o weithwyr. Mae eraill yn weddol fach ac yn cael eu ffermio gan y ffermwr a'i deulu yn unig. Hefyd, mae siâp a maint y ffermdy a'r adeiladau eraill yn wahanol o fferm i fferm. Rydyn ni am edrych nawr ar un math o ffermdy a oedd i'w weld mewn sawl rhan o Gymru ar un adeg—y Tŷ Hir Cymreig.

Tŷ Hir

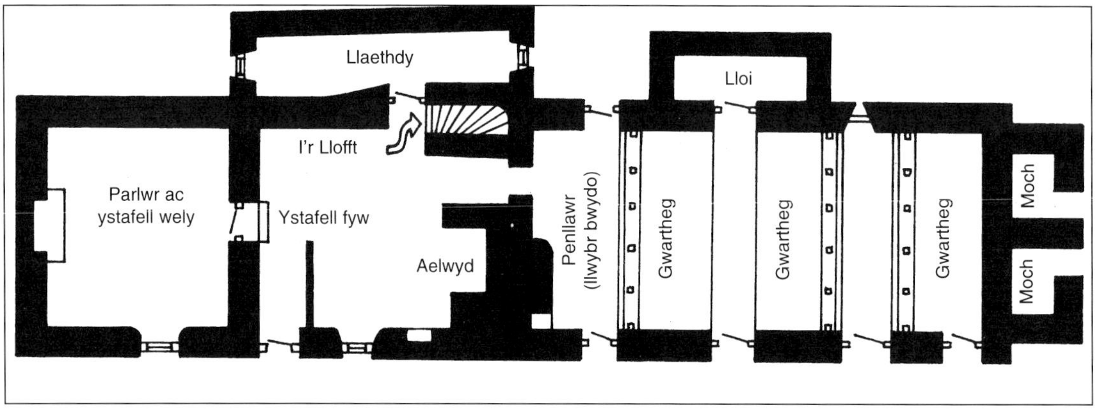

Cynllun Tŷ Hir

Y peth anarferol ynglŷn â'r tai hyn oedd bod y ffermwr a'i deulu a'r anifeiliaid i gyd yn byw o dan yr un to. Roedd y ffermdy yn un pen i'r adeilad ac yn y pen arall roedd y beudy lle byddai'r gwartheg yn byw drwy'r gaeaf. Rhwng y ddwy ran roedd cyntedd cul o'r enw'r penllawr. Byddai llawr y beudy fel arfer yn is na gweddill y tŷ. Roedd y lle tân yn y ffermdy bob amser yn y wal agosaf at y penllawr. Yn aml câi dodrefn eu defnyddio i rannu'r ffermdy yn nifer o rannau llai.

- Beth ydych chi'n meddwl oedd a) manteision a b) anfanteision cynllunio tŷ yn y ffordd hon?

Roedd bywyd yn aml yn galed iawn i'r ffermwr a'i deulu, ac i'r bobl eraill a oedd yn gweithio ar y fferm. Yn aml, doedd ffermwyr ddim yn llawer mwy cyfoethog na'r gweithwyr roedden nhw'n eu cyflogi. Yr unig wahaniaeth oedd bod y ffermwr yn fwy sicr na'r gweithwyr y byddai ganddo waith.

TAI MEWN TREFI YN Y BEDWAREDD GANRIF AR BYMTHEG

Cefndir hanesyddol

Yn ystod y bedwaredd ganrif ar bymtheg symudodd llu o bobl o gefn gwlad i'r trefi i chwilio am waith. Penderfynodd rhai adael Cymru a hwylio i wledydd fel

America ac Awstralia. Aeth llawer hefyd i Loegr. Ond cafodd nifer mawr o bobl swyddi yn y gweithfeydd haearn a'r pyllau glo yn ne a gogledd-ddwyrain Cymru, ac yn chwareli gogledd Cymru.

Oherwydd hyn, cafodd trefi a phentrefi newydd eu hadeiladu a thyfodd y rhain yn gyflym. Ond roedd yna broblemau hefyd. Allai'r rhan fwyaf o'r gweithwyr hyn ddim fforddio prynu tai. Weithiau, byddai'r dynion yn gadael eu teuluoedd yng nghefn gwlad ac yn mynd i chwilio am waith a lle i fyw. Ar y dechrau, bydden nhw'n byw mewn llety gyda llawer o ddynion eraill. Yna, wedi iddyn nhw gael swydd ac ennill rhywfaint o arian, bydden nhw'n gallu rhentu eu tai eu hunain. Yn fuan, byddai eu gwragedd a'u plant yn dod i fyw atyn nhw. Beth am edrych yn fwy manwl ar y tai hyn?

Tai teras yn Aberpennar

Tai mewn rhes/Tai teras

Fel arfer, byddai'r meistri haearn a pherchenogion y pyllau glo a'r chwareli yn adeiladu tai i'w gweithwyr. Roedd y rhain yn agos i'r gweithfeydd. Oherwydd bod cymaint o alw am gartrefi, gwelodd y perchenogion y byddai'n rhatach eu hadeiladu mewn rhes neu deras.

Tai slym yng Nghaerdydd: Ivor Street tua'r flwyddyn 1900

- Pa fanteision ac anfanteision oedd yn perthyn i'r ffordd hon o adeiladu tai?

Roedd y rhan fwyaf o'r tai rhes cynnar wedi eu hadeiladu'n wael ac yn cael eu disgrifio fel 'slymiau'. Doedd dim draeniau na dŵr tap mewn llawer ohonyn nhw. Byddai pobl yn aml yn dioddef o anhwylder ar y frest ac yn cael trafferth anadlu am eu bod yn byw yn y tai gwael hyn.

Ond y clefyd roedden nhw'n ei ofni fwyaf oedd colera. Byddai pobl yn dal hwn trwy yfed dŵr wedi ei lygru. Pan gafwyd colera yng Nghaerdydd ym 1849, cafodd arolygydd o'r enw Thomas Rammell y gwaith o ddarganfod pa fath o le oedd y slymiau. Dyma rai o'r pethau a welodd ac a glywodd:

> 'Mae llawer iawn, iawn o bobl yn byw yn Stryd Mary-Ann a Stryd David; un pwmp yn unig sydd yno. Mae pobl yn yfed dŵr ohono; nid yw o'r safon gorau, gwelais lyngyr ynddo; mae'r bobl yn dringo dros y waliau i gyrraedd y dŵr hwn, mae fel brwydr rhwng bywyd a marwolaeth. Yn adeiladau Waterloo, ger yr Ais, mae dau doiled rhwng un ar ddeg o dai; roedd un toiled yn llawn at y sedd ac yn fudr iawn.'

Roedd llawer o'r tai hyn yn orlawn. Dyma oedd gan Thomas Rammell i'w ddweud am un ohonyn nhw:

> 'Euthum i weld nifer o dai yn Stryd Stanley, yn cynnwys llety yn cael ei gadw gan Michael Harrington. Rhifais y bobl a oedd yn byw yn y tŷ; roedd 54 person, yn ddynion, merched a phlant; maen nhw'n byw, yn bwyta ac yn cysgu mewn un ystafell. Mae'r drewdod sy'n codi o'r ystafell orlawn hon yn ddigon i'ch llethu.'

Ond doedd pob tŷ ddim cynddrwg â hyn. Roedd nifer ohonyn nhw wedi eu hadeiladu'n well na'r tai yng nghefn gwlad. Roedd llechi ar y to, mwy nag un ystafell, y waliau'n sych fel arfer, ac roedd modd agor y ffenestri.

Gydag amser, pasiwyd deddfau gan y llywodraeth er mwyn ceisio cael gwared â'r slymiau gwaethaf. Hefyd cafwyd rheolau mwy caeth ynglŷn â'r ffordd o adeiladu tai. Roedd safon y defnyddiau adeiladu yn gwella. Roedd ffyrdd a rheilffyrdd newydd yn ei gwneud yn bosibl i bob tŷ gael llechi, cerrig da, gwydr a choed, hyd yn oed os oedd yn rhaid eu cludo o bell.

Mae'r ddau lun ar dudalen 46 yn dangos bod newid hefyd wedi digwydd y tu mewn i rai tai yn y cyfnod hwn. Yn y llun cyntaf gwelir ystafell fyw mewn tŷ yn y 1840au. Mae'n dangos dodrefn syml pobl a oedd wedi symud o gefn gwlad i'r dref. Mae'r ail lun yn wahanol iawn; mae'n dangos ystafell fyw mewn tŷ rhes yn y 1890au.

- Gwnewch restr o'r gwahaniaethau rhwng y ddau lun.

Hyd yn oed ar ddiwedd y bedwaredd ganrif ar bymtheg ac ar ddechrau'r ganrif hon, doedd gan lawer o dai ddim dŵr tap. Doedd dim toiledau y tu mewn i lawer o dai; roedden nhw y tu allan, ar waelod yr ardd fel arfer. Weithiau byddai'r rhain wedi eu cysylltu â draeniau.

1840au

1890au

Bywyd yn y cartref

Roedd gwaith tŷ yn galed iawn. Cyn dyfeisio peiriannau golchi trydan, byddai'r gwaith o olchi dillad yn dechrau'n gynnar ar ddydd Llun ac yn para drwy'r dydd. Câi'r dillad eu golchi mewn twb pren y tu allan i'r tŷ, a'r dŵr ei ferwi mewn boeler mawr haearn. Roedd angen llawer o ddŵr

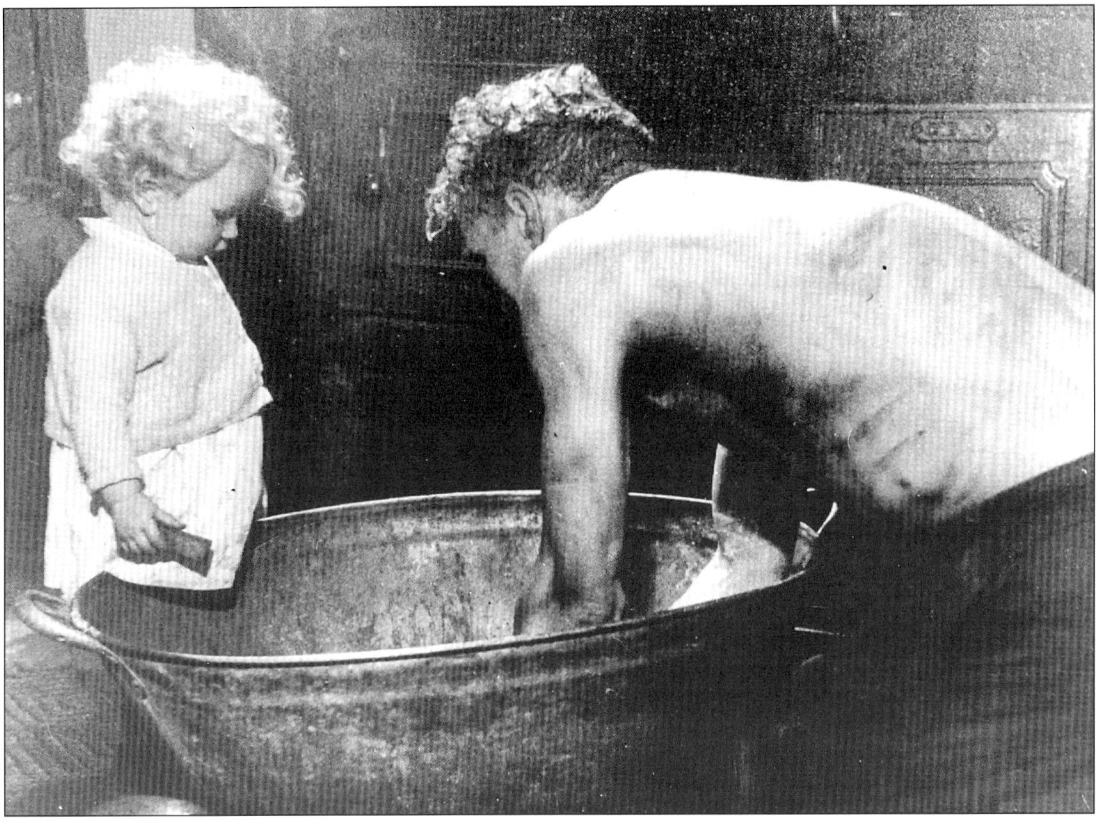

Glöwr yn ymolchi o flaen y tân ar ddiwedd ei shifft

poeth. Byddai'r glowyr a'r chwarelwyr yn mynd yn frwnt iawn wrth weithio a byddent yn cael bath mewn twb o flaen y tân bob dydd ar ôl dod adref.

Llawr o gerrig palmant fyddai mewn tŷ gweithiwr fel arfer. Byddai merched yn sgwrio ac yn gwynnu'r lloriau ac yn cael pleser o'u gweld yn lân. Roedd stepen y drws ffrynt yn cael ei glanhau fel hyn hefyd. Câi popeth ei goginio yn y lle tân ac roedd angen rhoi sglein ar hwn yn gyson gan ddefnyddio blac-led. Byddai'r addurniadau pres yn sgleinio bob amser hefyd. Tra byddai'r merched yn gofalu am y tŷ, byddai'r dynion yn treulio oriau yn yr ardd ar ôl dod o'r gwaith, yn tyfu llysiau ar gyfer y teulu. Roedd gan nifer o ddynion ddarn arall o dir ar wahân i'w gerddi eu hunain er mwyn tyfu rhagor o fwyd.

Bwyd

Dyma restr o'r bwydydd a'r pethau eraill a brynodd gweithiwr haearn a'i deulu o Ferthyr Tudful mewn mis ym 1839:

> Blawd, menyn, siwgr, te, caws, cig moch neu ham, cig ffres, tatws, cyrens, resins, lliw glas, starts, pupur, mwstard, sebon, dillad, esgidiau, baco, cwrw, canhwyllau.

- Cymharwch y rhestr hon â'r pethau y byddai eich teulu chi yn eu prynu bob mis. I ba bwrpas y byddai canhwyllau yn cael eu defnyddio?
- Roedd y teulu hwn yn prynu 'lliw glas' a 'starts'. Ceisiwch ddarganfod i ba bwrpas y byddai'r rhain yn cael eu defnyddio.

O tua 1860 ymlaen, wrth i gyflogau godi, roedd pobl yn gallu prynu mwy o bethau â'u harian. Roedden nhw'n gallu prynu bwyd o safon gwell, a mwy ohono. Weithiau byddai digon o arian i brynu ambell beth arbennig. Er hynny, roedd bywyd yn dal yn galed iawn i lawer o deuluoedd a oedd yn byw mewn tai gwael heb ddigon o fwyd na dillad.

DIWEDDGLO

Rydyn ni wedi edrych ar nifer o fathau o dai ac ar fywydau'r bobl a oedd yn byw ynddyn nhw. Dros y canrifoedd, bu llawer o newidiadau yng nghartrefi a thai pobl Cymru ac maen nhw'n dal i newid heddiw. Digwyddodd rhai o'r newidiadau yn gyflym, tra digwyddodd eraill yn araf dros sawl canrif.

- A oes enghreifftiau yn eich ardal chi o rai o'r mathau o dai sy'n cael eu disgrifio yn y llyfr hwn? Pa fathau eraill o dai rydych chi wedi eu darganfod?

- Beth am wneud rhestr o'r pethau sydd wedi newid yn y tai hyn? Efallai bod rhai ohonynt yn hen iawn, a'r perchenogion wedi adnewyddu'r rhannau hynaf, neu wedi ychwanegu atynt.

Mae'r rhan fwyaf o dai wedi newid yn fawr y tu mewn hefyd. Heddiw, fel arfer, mae gennym ni bethau fel setiau teledu, peiriannau golchi, oergelloedd a gwres canolog. Mae'r ffordd y byddwn ni'n cynhesu ein cartrefi wedi newid hefyd. Mae llai o bobl yn llosgi glo ar dân agored gan fod dulliau eraill o wresogi tai erbyn hyn. Yn sicr, ni fyddai pobl a oedd yn byw cyn lleied â chan mlynedd yn ôl wedi gallu dychmygu'r newidiadau sydd wedi digwydd. Ydych chi erioed wedi meddwl pa fath o dai a chartrefi a allai fod gan bobl ymhen can mlynedd arall?

- Gwnewch dabl neu siart i ddisgrifio'r gwahanol fathau o dai rydych wedi darllen amdanynt yn y llyfr hwn. Mae patrwm i chi ei ddilyn ar y tudalen nesaf.

Math o Dŷ (i lawr y tudalen)

Tai'r Celtiaid
Tai Llawr Cyntaf y Normaniaid
Tai Cymru yn yr Oesoedd Canol
Tai Tuduraidd
Tai'r Bobl Gyfoethog (y ddeunawfed ganrif a'r bedwaredd ganrif ar bymtheg)
Tai Unnos
Tai Hirion Cymreig
Tai Mewn Rhes

Penawdau i ddisgrifio tai (ar draws pen y tudalen)

* Adeiladu'r tŷ
  Penawdau: Waliau To
* Y tu mewn i'r tŷ
  Penawdau: Llawr Drysau Ffenestri Lle tân
* Bywyd y bobl
  Penawdau: Bwyd Gwaith tŷ Gwaith o amgylch y tŷ

Rhowch groes os nad yw'r pennawd yn addas ar gyfer rhai mathau o dai.